PLAIN-CHANT

EXPOSÉ MÉTHODIQUE

de ses Principes et de ses Rapports avec la Musique,

par

Amb. GENTIL.

SAUMUR,
IMPRIMERIE DE P. GODET, PLACE DU MARCHÉ-NOIR.

1865.

PLAIN-CHANT

PLAIN-CHANT

EXPOSÉ MÉTHODIQUE

de ses Principes et de ses Rapports avec la Musique,

par

Amb. GENTIL.

SAUMUR,

IMPRIMERIE DE P. GODET, PLACE DU MARCHÉ-NOIR.

1865.

Ce n'est pas connaître la musique que de savoir seulement l'exécuter ; pas plus que ce n'est connaître une langue que de la lire, même très-bien. Ce n'est pas ainsi que les anciens comprenaient la connaissance de la musique. Ils l'étudiaient comme une science d'observations et de rapports, avant de s'y exercer comme à un art mécanique.

(Mgr Parisis. *Instruction pastorale sur le Chant d'Église.*)

PLAIN-CHANT

NOTIONS PRÉLIMINAIRES.

Du Son, de la Mélodie, du Chant en général.

1. — Le son étant un élément essentiel du chant, puisque le chant n'est autre chose que la parole soutenue par la mélodie, et que la mélodie résulte de la combinaison successive des sons, il ne sera pas inutile d'en dire ici quelques mots.

2. — Lorsque vous vous trouvez dans le voisinage d'une personne qui chante, ou bien encore joue d'un instrument quelconque, les couches d'air environnantes étant alors ébranlées par le mouvement vibratoire de cet instrument, transmis ainsi jusqu'à votre oreille, vous éprouvez une sensation

1.

particulière, qui est proprement ce qu'on nomme le *son* (1).

3. — Si cette sensation n'est pas d'assez longue durée pour qu'on en puisse apprécier la valeur musicale, c'est-à-dire pour qu'on puisse la comparer à d'autres sensations du même genre, et déterminer le rapport qui existe entre elles, ce n'est plus qu'un *bruit*, et non point un son proprement dit, ou *son musical*.

4. — Le son musical est donc le résultat de sensations continues, rapides, isochrones (c'est-à-dire d'égale durée), qui produisent sur l'organe de l'ouïe une sensation prolongée.

(1) Le son naît toujours d'un mouvement vibratoire, imprimé par la percussion, ou de toute autre manière, aux molécules des corps. Prenons, par exemple, une corde d'instrument que l'on pince; à l'instant tous les points de cette corde s'éloignent plus ou moins de la position qu'ils avaient lorsque cette corde était en repos, suivant qu'ils sont plus ou moins éloignés des points d'attache, et la corde entière va et vient alternativement en deça et au-delà de sa première position, par un mouvement de vibration provenant de son élasticité. Les molécules d'air contiguës aux différents points de la corde, prennent des mouvements semblables à ceux de ces points; elles vont et viennent avec eux. Chaque molécule communique son mouvement à celle qui est derrière, celle-ci à une troisième, et ainsi de suite, jusqu'aux molécules qui sont en contact immédiat avec le tympan de l'oreille. Cette membrane subit à son tour l'action de l'air, transmet ses vibrations au nerf auditif, et de là résulte la sensation du son.

5. — On distingue dans le son trois qualités particulières : la *hauteur*, l'*intensité* et le *timbre*.

6. — Souvent, pour exprimer la différence qu'on découvre entre deux sons, on dit que l'un est *plus haut* que l'autre. Cette manière de parler des sons, comme étant placés à différents degrés, qui fait supposer que la voix monte ou descend, n'est qu'un langage figuré, suggéré par les apparences. La différence réelle et physique consiste en ce que le corps, produisant le son qui paraît le plus bas, fait un nombre de vibrations moindre, dans un temps donné.

7. — Ainsi, l'on nomme sons *graves* ceux qui sont produits par un petit nombre de vibrations, sons *aigus* ceux qui sont le résultat d'un plus grand nombre. Comme on le voit, aucun son n'est en lui-même aigu, ni grave ; ils ne le sont tous que d'une manière relative, et comparativement à d'autres plus ou moins élevés qu'eux.

8. — L'*intensité* ou la *force* du son est une qualité qui dépend non pas du nombre, mais de l'amplitude des vibrations. Par conséquent, elle est toujours proportionnée à la force motrice qui sollicite le corps sonore, à l'action des poumons, par exemple, sur les cordes vocales (2). Un son peut donc, tout en conser-

(2) Dans la formation du son par l'organe de la voix, les poumons font l'office de soufflets ; ils chassent l'air à travers un conduit (la trachée-artère). A l'extrémité de ce conduit, le vent vient se briser contre deux ligaments (nommés cordes

vant le même degré d'élévation, prendre une intensité plus ou moins grande. Quand on dit de faire *piano*, dans tel ou tel passage d'un morceau de musique, cela signifie simplement qu'il faut, en cet endroit, donner à la voix moins d'intensité ; tandis que vous devriez au contraire la forcer davantage, lui donner plus d'éclat, si l'on vous disait de faire *forte*.

9. — Chaque son emprunte au corps qui l'émet un caractère particulier qu'on appelle *timbre*. C'est ce caractère qui fait qu'on peut distinguer facilement l'un de l'autre deux sons, de même hauteur et de même intensité, produits par des instruments différents (3). Ainsi, le son du hautbois est très-distinct de celui de la flûte, et tout le monde sait la différence qui existe entre des voix douces et stridentes, vibrantes et sourdes.

10. — Nous ne pouvons passer sous silence une autre qualité du son musical, qui pour n'être pas essentielle n'en est par moins importante, nous voulons

vocales), entre lesquels il n'existe qu'une petite ouverture, ou plutôt une fente (la glotte), et c'est ainsi qu'il entre en vibrations. Le jeu des muscles contracte et rapproche plus ou moins ces ligaments, tandis que d'autres muscles modifient l'ouverture de la bouche pour en former un tuyau convenable à tel ou tel son.

(3) La cause du timbre n'est pas bien connue ; cette qualité paraît dépendre de la forme de l'instrument, aussi bien que de la matière dont il est fait. Probablement elle est déterminée par le mode d'ébranlement du corps sonore.

parler de la *durée* des sons. Il suffit en effet de soutenir un peu les syllabes d'un discours ordinaire, pour que ce discours devienne aussitôt un chant, bien qu'on ait conservé la même hauteur à tous les sons, comme on le voit dans le chant de l'Epître et de l'Evangile.

11. — De même que le langage ordinaire ne peut être constitué que par la réunion des mots, qui servent à exprimer nos pensées, ce n'est aussi que par la combinaison des sons, interprètes de nos sentiments, que se forme cet autre langage, qui a la puissance de toucher notre âme et de l'émouvoir, en même temps qu'il charme notre oreille. Mais, les sons, pouvant être combinés de deux manières différentes, servent par conséquent à former un double langage. L'un, appelé *mélodique*, ou la *mélodie*, résulte de la combinaison successive des sons. L'autre, produit de leur combinaison simultanée, prend le nom de langage *harmonique*, ou *harmonie*.

Nous n'aurons point à nous occuper de ce dernier dans nos études sur le plain-chant, puisque, comme nous l'avons fait observer en commençant, le chant n'est autre chose que la parole soutenue par la mélodie, c'est-à-dire par une succession de sons disposés d'une manière agréable pour l'oreille.

12. — Le chant sacré des premiers Chrétiens n'était qu'une psalmodie (4), dépourvue du rhythme

(4) La psalmodie est proprement le chant des psaumes. La voix y est soutenue, comme dans tout autre chant, mais elle

régulier, qui établit une symétrie dans l'éclat périodique et la durée des sons, et de la mesure, qui est la gardienne de cette symétrie, en donnant au chanteur le moyen de la conserver (N° 100).

13. — Peu à peu, se donnant plus de latitude, il fit oublier, par la variété qu'il introduisit dans ses modulations (5), sa monotonie première, et prit une allure plus dégagée, en même temps qu'il commençait à se régulariser, sous l'influence et la direction des pontifes romains. Saint Ambroise, évêque de Milan, contribua puissamment, ainsi que le pape saint Damase, à la formation et à la propagation du chant religieux dans l'église latine. Mais, ce ne fut que vers la fin du VIe siècle, sous le pontificat et par les soins de saint Grégoire-le-Grand, que le chant ecclésiastique fut définitivement constitué, tel à peu près que nous l'avons aujourd'hui. C'est ce qui lui valut la dénomination de *Chant grégorien*, qu'il a conservée. Plus souvent encore on lui donne le nom de *plain-chant*, c'est-à-dire chant simple et uni

se tient toujours sur le même degré, ou du moins ne s'en écarte que fort peu (N° 10).

(5) Par *modulations* nous voulons désigner ici les mouvements de la mélodie, passant par différents degrés de l'échelle musicale et insistant sur chacun d'eux suivant son importance. Telle est aussi la signification que les anciens auteurs de musique et de chant attachaient à ce mot; nous verrons plus loin (n^{to} 20) dans quel sens on le prend généralement aujourd'hui.

(planus cantus), parce qu'il marche toujours avec la même largeur et la même placidité, et qu'il résulte de toute son économie quelque chose de grave et de tempéré, excluant tout ce qui pourrait sentir la délicatesse efféminée, comme aussi l'exaltation fougueuse des passions.

Etablir, dans ce petit traité, les principes généraux du plain-chant, telle est notre tâche. Les règles particulières, pour les différentes espèces de chants liturgiques, variant suivant les pays, nous renvoyons aux livres choraux, où d'ordinaire elles sont indiquées.

PRINCIPES GÉNÉRAUX DU PLAIN-CHANT.

CHAPITRE PREMIER.

De la Gamme et des Intervalles.

Nous diviserons ce chapitre en deux sections. La première aura pour objet l'étude de la gamme et des intervalles en général ; dans la seconde, nous étudierons plus particulièrement chacun d'eux.

§ 1. — DE LA GAMME ET DES INTERVALLES EN GÉNÉRAL.

14. — Lorsque les nombres de vibrations de deux sons différents sont entre eux dans de certains rapports, ces sons, pris ensemble ou successivement, produisent sur nous une impression agréable, qui varie avec les rapports des vibrations, et que l'oreille sait très-bien apprécier.

15. — De cette variété de rapports, dont il faut chercher l'origine dans la nature même de notre organisation, résulte une série de sons distincts et parfaitement caractérisés, qui constituent ce qu'on appelle l'*échelle mélodique*, dont chacun de ces sons est un degré.

16. — Dans cette série, les sons se succèdent régulièrement par périodes de sept, nommées *gammes* (6), toutes semblables. En sorte que, si ce n'était la différence de hauteur, on les prendrait l'une pour l'autre, chacun des sons de l'échelle musicale se confondant pour l'oreille avec celui qui se trouve au huitième degré soit au-dessus, soit au-dessous de lui.

17. — Lorsqu'on prend séparément chacune de ces périodes, pour la compléter, on ajoute aux sept degrés dont elle se compose l'octave du premier, c'est-à-dire celui qui, lui correspondant huit degrés au-dessus, commencerait la période suivante.

L'oreille, en effet, retrouvant ainsi quelque chose de semblable à ce qu'elle connaît déjà, s'aperçoit que la série des sons qui forment la période est épuisée, et que par conséquent cette période est complète.

18. — On désigne sous le nom d'*intervalle* la dis-

(6) Le mot *gamme* vient de *gamma*, nom de la troisième lettre de l'alphabet grec, qui servait autrefois à représenter le plus grave des sons de l'échelle alors employée, et qui naturellement commençant une période lui donnait son nom.

tance qui sépare deux sons quelconques, ou mieux, le rapport qui existe entre les nombres de vibrations qui les produisent.

19. — L'intervalle à franchir entre deux degrés consécutifs n'est pas toujours le même. On en distingue deux, le premier double à peu près de l'autre. La différence s'exprime en appelant *ton* le plus grand, et *demi-ton* le plus petit (7).

20. — Chaque gamme *naturelle* (8), ou période prise dans son état normal, comprend cinq tons et deux demi-tons. Ces derniers ne se suivent jamais immédiatement; mais, sans pouvoir être séparés par plus de trois tons, ils doivent l'être au moins par deux.

D'où cette définition :

(7) Les intervalles que nous avons appelés *tons* ne sont pas tous parfaitement égaux. De là ces dénominations de tons *majeurs* et tons *mineurs*. La différence est peu sensible, il faut une oreille bien exercée pour la saisir. On distingue aussi le demi-ton majeur et le demi-ton mineur, différents l'un de l'autre de 1/9 de ton, intervalle qui prend le nom de *comma*. D'où l'on voit que le demi-ton majeur comprend cinq commas, tandis que le mineur n'en contient que quatre. Il est bon de remarquer en passant que le mot *ton* se prend ici pour l'intervalle qui sépare deux degrés de l'échelle mélodique ; bientôt nous lui connaîtrons une autre signification (N° 25).

(8) On lui donne encore le nom de *gamme diatonique*, parce que les degrés de cette gamme se succèdent par tons. C'est ce qui la distingue de ce qu'on appelle en musique la gamme *chromatique*, qui procède par demi-tons.

21. — Sous le nom de gamme naturelle, en général, il faut entendre :

Une succession de huit degrés, formant sept intervalles, dont cinq grands nommés tons, *et deux petits nommés* demi-tons, *disposés de telle sorte que les demi-tons soient distants de trois tons au plus, ou de deux tons au moins.*

22. — Parvenu sur le huitième degré, qui se confond sensiblement avec le premier pour l'effet qu'il produit sur l'oreille, sauf la différence de hauteur, on voit recommencer la même période. Et, si l'on continue le mouvement ascendant, les degrés par lesquels on passe donnent des intervalles exactement semblables à ceux formés par les degrés qui correspondent une octave au-dessous.

23. — Les sept degrés d'une gamme se désignent par ces mots : *ut, ré, mi, fa, sol, la, si* (9), pris toujours dans le même ordre. Au huitième on répète le premier nom de la série, pour continuer autant qu'il y a lieu.

(9) Six de ces mots sont les syllabes initiales des six premiers vers de l'hymne qu'on chante pour la fête de St Jean : *Ut* queant laxis *Re*sonare fibris, etc. Dès le XIe siècle, on les voit employés par le Bénédictin Guy d'Arrezzo, à qui même on attribue généralement cette invention. Quant au mot *si*, ce ne fut qu'au XVIIe siècle qu'on l'adopta définitivement pour désigner le septième degré. Souvent aujourd'hui en place d'*ut* on dit *do*, nom tout récent, plus sonore et partant plus facile à prononcer.

24. — Dès lors il est indifférent, on le voit, de prendre pour le nom du premier degré de la gamme tel ou tel de ces mots. Cependant, on est convenu de placer toujours les demi-tons après le *mi* et le *si*, à moins d'indication contraire.

25. — Chaque gamme porte le nom de son premier degré, et l'on dit d'un morceau de chant qu'il est dans la *gamme*, ou encore dans le *ton* (10) d'*ut*, ou de *fa*, suivant que la gamme dont on se sert commence par *ut* ou *fa*.

26. — D'après ce que nous avons dit plus haut (N° 18), l'intervalle étant la distance que la voix doit franchir pour passer d'un degré à un autre, il est évident que pour former un intervalle, il faut nécessairement deux degrés : celui d'où l'on part est le *premier terme*, le *second terme* est celui que l'on veut atteindre. Ainsi, deux sons du même degré qui se suivent immédiatement ne forment point un intervalle : on les dit à l'*unisson*.

27. — Lorsque le premier terme est au grave et le deuxième à l'aigu, l'intervalle est *ascendant*; il est *descendant* dans le cas contraire. Du reste, un intervalle, pris dans un sens ou dans l'autre, demeure toujours le même, et par conséquent tout ce que nous dirons des intervalles ascendants doit s'appliquer également aux autres.

(10) Le mot *ton* désigne alors le degré d'élévation de la gamme dans l'échelle mélodique.

28. — L'intervalle est aussi par degrés *conjoints*, ou par degrés *disjoints*, selon que l'on parvient du premier au second terme en passant successivement par les degrés intermédiaires, ou qu'on franchit tout d'un coup la distance qui les sépare.

29. — On distingue deux genres d'intervalles : les intervalles *simples*, qui, ne dépassant pas l'étendue d'une gamme, ne peuvent comprendre plus de huit degrés ; et les intervalles *composés*, ainsi nommés parce qu'ils sont formés de l'octave ajoutée aux intervalles simples. Nous ne parlerons pas de ces derniers, puisqu'ils n'appartiennent pas régulièrement au plain-chant, et que d'ailleurs ils sont caractérisés par la nature même des intervalles simples qui les composent.

30. — Deux ou plusieurs intervalles sont de *même espèce* quand ils comprennent le même nombre de degrés. Tous les intervalles se classent donc par le nombre de leurs degrés, et l'on compte autant d'espèces d'intervalles simples qu'il y a de degrés dans la gamme.

31. — On nomme ordinairement *majeurs* les plus grands de leur espèce, et *mineurs* les plus petits. Les intervalles égaux dans la même espèce sont de *même nature*.

32. — Les sept espèces d'intervalles simples qu'on distingue en plain-chant, comme en musique, sont appelés respectivement : *seconde*, *tierce*, *quarte*, *quinte*, *sixte*, *septième* et *octave*, suivant qu'ils com-

prennent deux, trois, quatre, cinq, six, sept ou huit degrés, comme l'indique le nom lui-même.

Nous allons étudier successivement chacune de ces espèces.

§ II. — DE CHACUN DES INTERVALLES EN PARTICULIER.

33. — Nous avons en premier lieu la *seconde*, c'est sous ce nom qu'on désigne l'intervalle séparant deux degrés consécutifs de l'échelle mélodique. Nous avons vu plus haut (Nº 19) comment on a été conduit, cet intervalle n'étant pas toujours le même, à faire la distinction du *ton* et du *demi-ton*. Le premier constitue la *seconde majeure*, à laquelle est opposée la *seconde mineure*, donnée par le demi-ton.

34. — Tous les intervalles sont formés par la réunion de secondes, dont le nombre, plus ou moins grand, suivant leur plus ou moins d'étendue, est toujours égal, dans chaque espèce, à la somme des degrés moins un. Ainsi, la première espèce ne comprenant que deux degrés ne contient aussi qu'une seconde; tandis que la tierce en contient deux, la quarte trois, la quinte quatre, la sixte cinq, la septième six, et l'octave sept, c'est-à-dire une gamme entière.

35. — Le plus grand intervalle dans chaque espèce sera donc celui qui, sur le même nombre constant de secondes, renfermera plus de secondes majeures, moins de secondes mineures; ou bien, si

l'on veut, ce qui revient au même, plus de *tons*, moins de *demi-tons*. Le plus petit sera le contraire.

36. — L'intervalle de *tierce*, étant formé de deux secondes, compte trois degrés. Si les deux secondes sont majeures, elle comprend deux tons, et se nomme alors elle-même *tierce majeure*. Si l'une d'elles seulement est majeure et l'autre mineure, quelle que soit la place de cette dernière, la tierce est *mineure*, et ne contient plus qu'un ton et demi.

Observons que la tierce composée de deux secondes mineures, appartenant au genre chromatique, ne doit jamais se trouver dans le plain-chant.

37. — La *quarte*, réunion de trois secondes, contient ordinairement deux tons et un demi-ton ; tel est son état normal. Mais, du 4e au 7e degré dans la gamme d'*ut (fa si)*, cet intervalle comprend trois tons entiers, d'où vient le nom de *triton* qu'il prend alors. C'est une *quarte augmentée*, relativement à la quarte ordinaire et *juste*, qui contient une seconde mineure. Les anciens l'appelaient aussi *diable en musique* (diabolus in musicâ), à cause de l'impression désagréable produite sur l'oreille par sa dureté, qui l'a fait exclure à bon droit des habitudes du plain-chant.

38. — Jamais en effet cet intervalle ne saurait être admis dans ses états directs, lorsque, partant de l'un de ses termes, on doit passer immédiatement et directement à l'autre, soit par degrés conjoints, soit par degrés disjoints.

39. — Parfois cependant on pourra le souffrir dans une succession conjointe, où la relation n'est pas établie entre les degrés qui le comprennent, à cause de l'effet purement transitoire de l'un d'eux dans la phrase mélodique. Le chant de l'*Alma* nous en fournit plusieurs exemples. Souvent même un repos, une interruption quelconque suffit pour rompre la relation désagréable, et faire tolérer l'emploi du triton, comme on le voit dans deux endroits de l'*introït* du troisième dimanche après Pâques, à ces mots : *nomini ejus*, et plus loin *date gloriam.*

40. — On a du reste deux moyens pour éviter la quarte augmentée : élever d'un demi-ton le terme inférieur de l'intervalle, ou bien encore abaisser également d'un demi-ton le terme supérieur. C'est à quoi servent respectivement le *dièze* et le *bémol*, dont nous parlerons plus au long dans le chapitre suivant. (N° 63).

41. — La *quinte juste*, composée de quatre secondes, formant trois tons et demi, se trouve d'un assez fréquent usage dans le plain-chant. Mais il n'en est pas ainsi de la quinte *diminuée (si fa)*, ne comprenant que trois tons comme la quarte augmentée, et que, pour la raison contraire, l'oreille ne peut pas souffrir davantage. La double tierce mineure, dont se compose cet intervalle, donne en effet à la mélodie un caractère faible et énervé qui ne saurait convenir à la mâle énergie du chant grégorien. On l'évite aussi par le bémol sur le terme inférieur.

42. — Tels sont les intervalles admis dans le plain-chant. On peut donc en compter six, savoir : la seconde mineure, la seconde majeure, la tierce mineure, la tierce majeure, la quarte juste et la quinte juste (11). Les autres n'étant point usités, et ne pouvant régulièrement servir, il est par conséquent inutile d'en parler ici.

Il nous reste à dire maintenant ce qu'il faut entendre par *complément* et *renversement* des intervalles.

43. — Quand le second terme d'un intervalle n'est pas l'octave de l'autre, on peut toujours concevoir un premier intervalle qui, joint au premier, complé-

(11) Quelques mots seulement sur le caractère mélodique des intervalles usités dans le chant grégorien. D'abord il faut observer que le mouvement *ascendant* se prête toujours davantage aux pensées vives, grandes et élevées, tandis que le mouvement *descendant* convient mieux aux affections calmes, simples et modestes. Généralement aussi, les intervalles conjoints donnent à la mélodie quelque chose de plus lié, de plus coulant et de plus doux ; les intervalles disjoints ont plus de force et d'énergie. La *seconde majeure* a pour effet d'accuser nettement la progression de la mélodie, soit ascendante, soit descendante. La *seconde mineure* indique un sentiment plus timide et se prête aisément aux affections pénibles. Le sentiment d'assurance et de gaieté, exprimé d'une manière plus franche encore par la tierce majeure, devient timide et suppliant dans la tierce mineure, surtout quand le demi-ton se trouve à l'aigu. La *quarte* est de tous les intervalles le plus ferme et le plus assuré ; moins hardi cependant, comme aussi moins brillant, que la *quinte*.

terait l'octave, et qu'on appelle aussi pour cette raison son *complément*.

44. — Si l'on ajoute le nombre des degrés d'un intervalle à ceux de son complément le résultat qu'on obtiendra sera toujours *neuf*. Car, en allant directement du premier terme de l'intervalle au dernier de son complément, on compterait huit degrés, puisque ces deux termes comprennent justement une octave. Mais, cette octave se trouvant coupée, de sorte qu'on répète deux fois un même degré, pris d'une part comme dernier terme de l'intervalle, et d'autre part comme premier terme du complément, il suit qu'il faut compter un degré de plus, et que par conséquent la somme doit être *neuf*.

45. — Il suffit donc, pour connaître le complément d'un intervalle quelconque, de retrancher de *neuf* le nombre des degrés qui forment cet intervalle; le reste donnera le nombre des degrés du complément. D'après cela, la seconde aura pour complément une septième, la tierce une sixte, la quarte une quinte, etc.

46. — Il suit encore de là qu'un intervalle *majeur* aura pour complément un intervalle *mineur*, et qu'un intervalle *augmenté* sera complété par un intervalle *diminué*. Car, l'octave renfermant un nombre constant de demi-tons, lorsqu'un intervalle contient le plus de demi-tons qu'il peut s'en trouver dans son espèce, son complément doit au contraire en contenir le moins possible, ce qui, comme on l'a vu (N° 35), détermine la *nature* des intervalles.

47. — Le *renversement* d'un intervalle, ou, si l'on veut, l'*intervalle renversé*, s'obtient en prenant pour premier terme le dernier d'un intervalle primitif et direct, et pour dernier terme l'octave du premier de cet intervalle direct. Ainsi, *fa ut* est le renversement de *ut fa*.

48. — On a donc deux manières de renverser un intervalle ; l'une, en portant son terme grave à l'aigu et conservant l'autre à sa première place ; la seconde, en portant son terme aigu à l'octave grave, sans changer l'autre terme : ce qu'on peut appeler renversement *supérieur*, dans le premier cas ; *inférieur*, dans le second.

49. — D'ailleurs, il est aisé de voir qu'il existe une très-grande différence entre un intervalle direct et son renversement, bien qu'ils aient des termes de même nom, la seule chose à vrai dire qui soit commune entre eux. Par conséquent on ne peut pas indistinctement prendre l'un pour l'autre. Car, il est évident que deux intervalles différents ne donnent pas le même résultat. La quinte *fa ut*, par exemple, ne produira jamais dans la mélodie le même effet que *ut fa*, quarte juste, dont elle est le renversement.

CHAPITRE II.

De la Notation du Plain-Chant.

50. — Toute langue a son alphabet, composé de lettres, ou signes graphiques, exprimant par leur combinaison les mots dont elle se sert. De même, les divers intervalles étant pour ainsi dire les syllabes du langage mélodique, on a besoin pour les fixer sur le papier de certains signes conventionnels, dont l'ensemble forme l'écriture musicale, appelée *notation*. Nous allons maintenant faire connaître les signes employés dans la notation du plain-chant.

51. — *Noter*, c'est écrire des *notes*. Or, on appelle *note* tout signe graphique servant à représenter un son quelconque (12). Ces signes sont ordinairement

(12) Observons que *note* et *degré* se prennent souvent comme synonymes; c'est ainsi qu'on dira *la note mi*, pour désigner le 3e degré d'une gamme commençant en *ut*. Désormais nous emploierons indifféremment l'un ou l'autre mot.

des points, de formes différentes, suivant la valeur temporaire des sons qu'ils expriment.

52. — On distingue ainsi quatre espèces principales de notes, indiquant, par leur figure, le plus ou moins de durée, parfois même d'éclat, qu'il faut donner aux sons qu'elles représentent. Ce sont :

1° La carrée simple ▪, aussi nommée *brève*. C'est la plus commune et la plus employée.

2° La double carrée ▪▪, qui vaut environ deux carrées simples.

3° La semi-brève ou losange ♦, à peu près moitié de la brève.

4° La caudée, ou carrée à queue ¶, dont on se sert pour marquer qu'il faut attaquer cette note avec une énergie particulière, un certain effort de voix, désigné sous le nom d'accent (N° 103). Quelquefois cependant la queue est tout simplement un moyen d'exprimer la liaison entre deux notes qui se suivent, et toutes deux alors restent communes.

53. — Au surplus, chacune de ces notes n'a point une durée précise, absolue, ni même rigoureusement relative à celle des autres, comme en musique, si ce n'est toutefois dans le chant mesuré des hymnes.

54. — Aujourd'hui le plain-chant s'écrit au moyen de ces points, placés sur quatre lignes horizontales parallèles, et dans leurs interlignes; en sorte que le degré d'élévation d'un son dans l'échelle mélodique est déterminé par la position du point qui le représente sur ces lignes et interlignes, disposés en échelons, qui se comptent toujours de bas en haut, et dont la réunion, formant un seul groupe, se nomme *portée*. Lorsque la portée ne suffit pas, à cause de l'étendue du chant, on ajoute une ligne supplémentaire, soit au-dessus, soit au-dessous, suivant le besoin.

55. — Les notes, il est vrai, n'ont point par elles-mêmes de position fixe et absolue dans la portée. Le *ré*, par exemple, pourra se trouver tantôt sur la première ligne, tantôt sur la deuxième. Mais il suffit d'en fixer une seule, pour que toutes les autres le soient aussi. Car, il sera facile ensuite de déterminer leur place respective, en descendant ou remontant autant de degrés sur la portée, à partir de cette première note, qu'elles en sont éloignées dans l'échelle diatonique.

56. — C'est ce qu'on fait au moyen d'un signe particulier, nommé *clef*. On peut dire, en effet, qu'il ouvre en quelque sorte le chant, en faisant connaître la place de chaque note; puisque, placé lui-même sur l'une ou l'autre ligne, en tête de la portée, il établit ainsi la position de la note du même nom.

Le plain-chant fait usage de deux sortes de clefs : la clef d'*ut*, et la clef de *fa* (13).

(13) Avant le XIe siècle, pour représenter graphiquement les sons, le chant liturgique employait les sept premières lettres de l'alphabet, dont la première A se prenait naturellement pour le plus grave des sons compris alors dans l'étendue

57. — Enfin, de même que dans l'écriture ordinaire la ponctuation sert à distinguer les divers membres de phrases, ainsi dans le plain-chant nous avons certains signes pour marquer les différentes périodes et les repos de la mélodie. Les plus généralement employés dans nos livres choraux, sont :

1° La *barre simple* ou *entière*, qui doit couper perpendiculairement les quatre lignes de la portée. Elle se place à la fin d'une phrase mélodique, dans les morceaux ordinaires ; et, dans les hymnes ou proses, après chacun des vers, qu'elle sépare ainsi l'un de l'autre.

2° La *barre partielle*, qui ne traverse pas toute la portée, mais deux ou trois lignes seulement. Peu importe, d'ailleurs, qu'elle en garde toujours le milieu, ou bien qu'elle monte et descende avec le chant. On s'en sert pour indiquer les divisions secondaires.

3° La *barre double*, composée de deux barres sim-

de ses mélodies, le *la*. Dans la suite, quand il fallut un moyen d'indiquer le nom des points placés sur telle ou telle ligne, on ne trouva rien de plus simple que d'écrire, en tête de chaque ligne, la lettre désignant autrefois cette note. C'est ainsi que la clef d'*ut* nous vient du C, qui marquait la note du même nom dans les anciennes notations alphabétiques, et qui, devenant anguleuse dans l'écriture gothique du moyen-âge, a fini par prendre la forme qu'on lui donne aujourd'hui. De même, la clef de *fa* n'est autre chose que la lettre F, qui, peu à peu, s'est, avec le temps, considérablement modifiée.

ples mises côte-à-côte. On l'emploie toujours pour marquer la fin d'une pièce de chant. Souvent même elle se met dans le courant du morceau, soit à la fin d'une intonation, d'une reprise à laquelle doit répondre une autre portion du chœur; soit après un introït, un répons, qu'elle sépare de leurs versets; soit encore entre chaque strophe d'une prose ou d'une hymne.

58. — On comprendra plus facilement tout ce que nous avons dit jusqu'ici sur la notation du plain-chant, en examinant avec un peu d'attention la figure ci-jointe :

59. — La clef d'*ut* peut se placer sur l'une ou l'autre des quatre lignes de la portée, bien qu'elle ne soit sur la première et la deuxième que dans quelques cas fort rares. Mais, la clef de *fa* ne se trouve jamais que sur la troisième ou la quatrième ligne, encore n'est-elle guère usitée sur cette dernière.

60. — Cette diversité de positions pour les clefs du plain-chant tient à notre système actuel de notation : c'en est une conséquence directe.

En effet, l'ensemble des sons qui peuvent être émis par la voix humaine, depuis la note la plus grave d'une voix d'homme, jusqu'à l'extrême aiguë d'une voix d'enfant, donne au plus deux gammes et demie, c'est-à-dire environ dix-huit degrés. Si donc un morceau développait sa mélodie dans toute cette étendue, la portée dont il faudrait alors se servir devrait avoir au moins neuf lignes. Mais, l'étendue commune d'une pièce de chant ne dépassant pas une dizaine de notes, que peut aisément contenir une portée de quatre lignes, on a détaché simplement les quatre lignes sur lesquelles se trouvent, en raison de leur élévation dans l'échelle mélodique, les notes de la pièce de chant qu'on veut écrire. Si donc nous mettons à leur place naturelle, dans la portée générale de neuf lignes, nos deux clefs d'*ut* et de *fa*, nous verrons aussitôt laquelle doit rester, et quelle sera sa position, suivant qu'on prendra telle ou telle portée particulière.

Traçons encore une figure pour nous faire mieux comprendre.

61. — Cette figure montre assez que la clef de *fa* sur la première ou deuxième ligne, donnant aux notes la même position que la clef d'*ut* sur la troisième et la quatrième, est absolument inutile.

62. — Comme on le voit, ce sont en réalité les lignes de la portée qui viennent se grouper autour de la clef, et, par conséquent, il n'est pas tout-à-fait exact de dire que la clef peut se placer sur différentes lignes, puisque de fait elle occupe toujours la même dans le clavier général.

63. — Nous avons vu plus haut (N° 40) qu'on a besoin parfois, dans la mélodie, d'abaisser le *si* d'un demi-ton, ou bien encore d'élever dans la même proportion le *fa*, pour éviter la relation désagréable du triton. Dans le premier cas on a recours au *bémol* (♭); le *dièze* (♯) indique au contraire qu'on doit élever la note devant laquelle il est placé. S'il faut ensuite la ramener à son état naturel, après l'en avoir fait sortir, soit en l'élevant, soit en l'abaissant, on la fait précéder d'un autre signe, le bécarre (♮) (14).

64. — Mis immédiatement après la clef, au commencement de la portée, le bémol affecte toutes les notes placées sur le degré qu'il occupe : on le dit alors *continu*. Ainsi l'exige le caractère particulier de

(14) Dans l'ancienne notation, le septième degré se trouvant représenté par la lettre B, pour exprimer ce que nous appelons maintenant le *si naturel*, on se servait d'un bé carré, ♮, tandis qu'on employait le bé rond ou bé mou, ♭, pour désigner cette même note abaissée d'un demi-ton. De là les noms de *bécarre* et *bémol* donnés à ces signes, aujourd'hui d'un usage beaucoup plus général et plus étendu. Quant au dièze, d'invention plus récente, il n'appartient pas régulièrement au plain-chant, aussi ne le trouve-t-on jamais écrit dans les auteurs anciens.

certaines mélodies, comme nous le verrons au chapitre suivant. Mais il est purement accidentel, quand, placé transitoirement dans le cours d'un morceau, son effet ne porte que sur la note devant laquelle il se trouve, ou tout au plus sur celle de ce nom qu'on doit chanter avec le mot (15).

65. — En plain-chant, le bémol ne devrait jamais affecter d'autre note que le *si*. Ce n'est donc que par une sorte d'irrégularité qu'il se met quelquefois accidentellement devant le *mi*, dans les mélodies transposées.

66. — Bien que le dièze soit également un moyen d'éviter la rencontre du triton, le bémol n'en est pas moins pris toujours de préférence, tant que le caractère du morceau ne s'y oppose pas d'une manière absolue. Alors seulement le dièze serait toléré. Toutefois il ne peut être qu'accidentel.

67. — Reste encore à parler du *guidon*. C'est un petit signe dont la forme ressemble beaucoup à une caudée de moindre épaisseur. A la fin d'une portée, sur le même degré que la première note de la portée suivante, il sert uniquement à l'annoncer. Mis aussi, dans le cours de la portée, quand il y a

(15) Si la note qui doit être bémolisée fait partie d'un groupe, le bémol se place, non pas immédiatement avant cette note, mais au commencement du groupe qui la contient, en gardant toutefois son degré. De même pour le dièze et le bécarre.

changement de clef, il doit se placer alors sur le degré que la note occuperait si ce changement n'avait pas lieu.

CHAPITRE III.

Mélodie du Plain-Chant.

68. — Bien connaître une langue ce n'est pas seulement savoir les mots qui lui servent à rendre les idées, et les signes qu'elle emploie pour représenter ces mots. Il faut de plus se former une idée juste de la manière dont elle veut que les mots soient agencés; il faut se rendre compte exactement du mode de construction de ses phrases. De même pour la musique et le plain-chant.

69. — Nous l'avons dit déjà (N° 11), la mélodie est un langage, le *langage des sentiments*. Les syllabes de cette langue, ce sont les divers intervalles, et les notes sont les lettres qui servent à les exprimer (16).

(16) Il y a toujours à distinguer pour chaque lettre le *nom* et la valeur *phonique*. Nous avons donné les différents noms des lettres ou notes du plain-chant. La *valeur* de chaque note est le son même représenté par cette note. Mais une complication qu'il est important de remarquer, et qu'on ne trouve

Ses mots, ce sont les *neumes*, ou groupes de notes, dont nous aurons à parler plus tard.

70. — Or, de même que les mots se joignent ensemble pour former une proposition, c'est-à-dire une suite d'idées qui s'enchaînent, de même la réunion de plusieurs neumes donne une suite de sentiments, qui peuvent se rattacher entre eux et se lier en un seul tout.

71. — Le langage mélodique a donc aussi ses phrases, dont la structure et l'arrangement sont soumis à des lois, qu'il faut étudier quand on veut le connaître assez pour s'en servir d'une manière intelligente et avec goût.

C'est ce que nous allons faire dans ce chapitre, où nous parlerons d'abord des modes du plain-chant en général; et, dans un second paragraphe, de chacun des modes en particulier.

§ 1. — DES MODES DU PLAIN-CHANT EN GÉNÉRAL.

72. — *Mode* (du latin *modus*), signifie *manière d'être*. On entend par mode en musique, la ma-

pas ordinairement, c'est que la forme du signe graphique est unique, et que de plus le même nom peut s'appliquer à toutes les valeurs. La difficulté qui résulte de là n'est pas cependant aussi grande qu'elle semble d'abord; car, les différents noms des notes étant subordonnés les uns aux autres, dans un morceau, pour les connaître tous, il suffit d'en déterminer un seul; c'est ce qu'on fait au moyen des clefs (N° 55).

nière d'être, la constitution particulière d'une mélodie (17).

73. — Cette constitution particulière dépend évidemment, en grande partie, de la gamme dont on se sert. Car, l'ordonnance des tons et demi-tons variant pour chacune d'elles, les degrés vocaux ne sont plus dans les mêmes relations, et l'impression produite sur l'oreille, qui saisit ces rapports, doit varier aussi.

La disposition des notes dans la gamme ne suffit pas néanmoins pour déterminer la physionomie d'un chant.

(17) Observons qu'il faut bien se garder de confondre le *mode* avec le *ton* d'un morceau. L'usage veut qu'on prenne souvent ces deux noms l'un pour l'autre; c'est à tort. Le *mode* diffère essentiellement du *ton*. En effet, celui-ci ne fait qu'indiquer le lieu de notre système mélodique où l'on se trouve, la corde prise comme base de la gamme propre au morceau dont il s'agit, et non point le caractère particulier de ce morceau.

On le voit, le mot *ton* se prend dans plusieurs sens bien différents. Nous croyons à propos de les rappeler tous ici : 1° *Ton* signifie quelquefois *degré*; chanter sur le même ton. 2° Plus souvent il désigne l'intervalle de seconde majeure; ainsi, de *ré* à *mi* l'on compte un ton. 3° D'autrefois il est synonyme de *mode*, le 6e, le 7e ton. 4° Enfin, il sert à indiquer la physionomie, la couleur spéciale d'un morceau, l'effet particulier produit sur l'oreille par le développement diversement nuancé de son ensemble et de ses détails; dans ce sens, on dira : le ton de tel ou tel morceau est triste ou joyeux, grave ou léger, etc.

74. — Il y a toujours dans un morceau deux ou trois notes principales, servant plus particulièrement au développement de la mélodie, qu'elles guident et soutiennent. Ce sont elles qui achèvent de donner au chant son cachet spécial, et le font juger définitivement comme appartenant à tel ou tel mode : d'où leur nom de *cordes modales*.

75. — Parmi ces notes constitutives du mode il faut compter :

1° La *finale*, note qui doit terminer toute pièce écrite dans ce mode (18).

2° La *dominante*, autour de laquelle surtout se meut la mélodie, dont elle est comme le pivot. C'est elle qui contribue le plus à déterminer le mode, et le caractère véritable du chant.

3° La *médiante*, qui tient ordinairement le milieu de l'intervalle entre la dominante et la finale.

Nous verrons plus loin quelle place chacune de ces notes doit occuper dans la gamme.

76. — Il est aisé de concevoir que si l'on peut dans une gamme donner plusieurs positions différentes aux cordes modales, cette même gamme pourra servir à constituer plusieurs modes.

77. — De fait, il y a deux manières de placer les modales. Car, d'après ce principe, fondé sur la nature de notre système musical, que *toute cantilène se*

(18) On l'appelle aussi *tonique*, par suite de l'usage dont nous venons de parler (N[te] 17).

développant dans une quinte demande le repos sur le terme inférieur, tandis que la quarte au contraire le veut sur le terme supérieur, la *finale* doit se trouver toujours soit à la note grave, base de la gamme, soit à la quarte de cette note, suivant que la division mélodique de l'octave se fait à la quinte ou à la quarte. Quant à la *dominante*, évidemment elle dépend, pour sa position, de la finale.

78. — Chaque gamme donnera donc deux modes. Et puisque notre échelle diatonique fournit sept gammes distinctes, on a quatorze modes possibles. Sept ont la finale à la base de leur gamme, prenant alors la *discrétive* (19) à la quinte de cette note; nous les appellerons *primaires*. Sept autres ont pour finale la dicrétive même, placée cette fois à la quarte de la note grave, base de la gamme. On peut appeler ces derniers *secondaires;* chacun d'eux venant en effet comme second après le mode primaire correspondant.

79. — Mais, pour constituer un mode agréable, il faut que les deux parties de sa gamme, quinte et quarte, soient justes.

D'après cela, dans l'étendue de l'octave, à laquelle se ramène toute notre échelle diatonique, cinq notes seulement, *ut, ré, mi, sol, la,* peuvent être prises

(19) La *discrétive* est la note sur laquelle se fait la division mélodique d'une gamme, en deux parties inégales : quinte et quarte, ou bien quarte et quinte.

comme sons fondamentaux sur chacun desquels on établira deux modes, un primaire et un secondaire. Ce qui réduit le nombre des modes à *dix*. Cependant, on en trouve encore deux ; l'un primaire, qui ne peut fournir de secondaire, parce que la quarte fait le triton (*fa si*); l'autre secondaire qui n'a point de primaire, parce que la quinte est fausse (*si fa*).

Les douze modes régulièrement admissibles, seraient donc :

PRIMAIRES.		SECONDAIRES.	
Note fondamentale.	Finale.	Note fondamentale.	Finale.
ut	*ut*	*ut*	*fa*
ré	*ré*	*ré*	*sol*
mi	*mi*	*mi*	*la*
fa	*fa*		
sol	*sol*	*sol*	*ut*
la	*la*	*la*	*ré*
		si	*mi*

80. — Par un choix tout-à-fait arbitraire, le chant grégorien n'en admet que *huit* (20), savoir (21) :

(20) La musique moderne n'admet que deux modes, nos primaires *ut* et *la*. Quelques mots sur la constitution particulière de ces deux modes ne seront pas inutiles.

I. Dans la gamme d'*ut*, sur laquelle est établi le premier mode de la musique, les demi-tons se trouvent placés l'un de tierce à quarte, l'autre de septième à l'octave. La première tierce de cette gamme est donc *majeure*, et la gamme prend elle-même ce nom, pour le transmettre au mode. Ce qui caractérise encore cette gamme, c'est la place du second demi-

PRIMAIRES.		SECONDAIRES.	
Fondamentale.	Finale.	Fondamentale.	Finale.
ré	*ré*	*ut*	*fa*
mi	*mi*	*ré*	*sol*
fa	*fa*	*la*	*ré*
sol	*sol*	*si*	*mi*

ton après la septième, qui prend le nom de *sensible*, parce qu'elle fait pressentir l'octave de la finale.

La gamme d'*ut* seule offre cette disposition d'intervalles ; elle seule est naturellement majeure. Mais on peut facilement, au moyen de dièzes ou de bémols, obtenir la même situation des demi-tons, dans n'importe quelle gamme. Prenons, par exemple, la gamme de *sol* ; il suffit de dièzer le *fa* de son échelle, pour que le second demi-ton précède immédiatement l'octave de la finale *sol*. D'ailleurs, la tierce *sol si* est majeure; donc, cette gamme devient une gamme parfaitement majeure, et l'on chante dans un *ton* appartenant à un *mode majeur*.

De même, la gamme de *la*, seule, est naturellement mineure. Seule, en effet, elle a le premier demi-ton de seconde à tierce, ce qui rend sa tierce mineure, et le second demi-ton de quinte à sixte, ce qui achève de la caractériser. Mais, on peut également donner cette disposition d'intervalles à toutes les gammes, en altérant quelque peu leurs notes, et constituer ainsi tous les *tons* en *modes mineurs*.

Pour résumer : en musique il n'y a que deux modes, ou modalités. On ne reconnaît que deux gammes, la *majeure* et la *mineure*. Mais, chacune d'elles peut être prise sur un ton quelconque. En principe, le nombre des tons est illimité.

II. Chaque mode majeur a son corrélatif mineur. Le relatif mineur d'un majeur est celui qui, ayant sa gamme constituée par le même nombre de dièzes ou de bémols que ce

81. — Mais, rapprochant l'un de l'autre les modes qui ont même finale, on donne au

PRIMAIRE	*ré-ré*	le	SECONDAIRE	*la-ré*
id.	*mi-mi*		*id.*	*si-mi*
id.	*fa-fa*		*id.*	*ut-fa*
id.	*sol-sol*		*id.*	*ré-sol.*

majeur, la commence à la tierce mineure au-dessous de lui. Ainsi, le relatif de *fa* majeur est *ré* mineur ; celui d'*ut* majeur est *la* mineur, etc.

C'est en vertu de ces relations entre un mode majeur et un mineur, que la mélodie peut, dans une même pièce de chant, passer de l'un à l'autre, ce qui s'appelle *moduler*. La finale du morceau sera, dans ce cas, celle du ton dans lequel on module en dernier lieu.

Quelquefois même on module sans changer de tonalité, et l'on passe ainsi soit du majeur au mineur, soit du mineur au majeur, en altérant la tierce et la sixte du mode, dans le sens voulu par ce changement. Si l'on veut qu'un mode majeur devienne mineur, il faut ajouter trois bémols à la clef, ou supprimer trois dièzes. Ainsi, *ut*, majeur sans accident à la clef, devient mineur si l'on y met *si* ♭, *mi* ♭, *la* ♭ ; de même *mi*, majeur avec quatre dièzes, sera mineur avec un seul dièze. Pour qu'un mode mineur devienne majeur, il faut, au contraire, ajouter trois dièzes, ou bien supprimer trois bémols. Ainsi, *mi*, mineur avec un dièze, devient majeur avec quatre ; *fa*, mineur avec quatre bémols, est majeur avec un seul ; *mi* ♭, mineur avec six bémols, sera majeur avec trois.

III. Nous ne nous occuperons pas davantage de la formation et de la transposition des modes musicaux, par dièzes et bémols, cette question n'ayant aucun rapport avec les études que nous faisons uniquement sur le plain-chant.

Les quatre primaires, désignés par les chiffres 1, 3, 5, 7, prennent le nom de modes impairs; les quatre secondaires 2, 4, 6, 8, sont appelés modes pairs.

On nomme encore le plus souvent les primaires

Il nous suffira de dire que, dans la série des tons par dièzes, les toniques se suivent de quinte en quinte ascendante, à partir d'*ut*. Les dièzes se placent, à partir de *fa*, également de quinte en quinte ascendante, ou de quarte en quarte descendante, et s'écrivent dans cet ordre à la clef. D'où l'on peut tirer cette conclusion, que, la dernière note dièzée à la clef étant toujours la sensible du *ton* majeur, pour reconnaître le ton majeur d'un morceau, il suffit de prendre la note au-dessus du dernier dièze, ce sera la tonique cherchée. Mais, dans la série des tons par bémols, les toniques se suivent de quarte en quarte ascendante, à partir d'*ut*. Les bémols se placent, à partir de *si*, de quarte en quarte ascendante, ou de quinte en quinte descendante, et s'écrivent dans le même ordre à la clef. Donc, le dernier bémol entré dans un ton est toujours la quarte du majeur, et, par conséquent, la tonique de ce dernier se trouvera sur l'avant-dernière note bémolisée.

Pour l'explication plus détaillée de ces dernières règles, on peut voir les traités de musique. Au reste, il suffit de réfléchir un peu pour se convaincre de leur justesse.

(21) Les autres modes ne sont pas en usage, principalement pour cette raison que, pris à leur véritable place dans l'échelle mélodique, ils sont hors de la portée ordinaire des voix, et que, ramenés à leur octave inférieure, ils sont, dans le plus grand nombre de cas, en tous points semblables à des modes plus usités, comme nous le montrerons bientôt (N^te 31).

authentiques ou *supérieurs*, et les secondaires *plagaux* (22) ou *inférieurs* (23).

Telle est, en résumé, la théorie de la formation des modes. Pour la bien faire saisir, il faudrait s'étendre plus que les limites restreintes de ce petit traité ne le permettent. Un peu de réflexion pourra suppléer aisément ce qui manque ici. Nous ne nous y arrêterons pas davantage.

82. — Dans les modes supérieurs, la dominante doit être régulièrement à la quinte de la finale, et la médiante à la tierce. Cette dernière sert de dominante pour les modes inférieurs, qui n'ont pas de médiante proprement dite. Nous verrons, en étudiant séparément chacun des modes, que la mobilité de certaines notes peut être quelquefois une raison de déroger à cette règle.

83. — L'étendue régulière d'un mode est celle de sa gamme, une octave. Cette octave est pour le mode authentique celle de sa finale; et, pour le plagal,

(22) Le mot *authentique*, tiré du grec, exprime une existence absolue et indépendante. *Plagal* signifie, dans cette même langue, *oblique* et *dérivé*. Ces noms viennent de ce que l'on considérait autrefois les modes pairs du Chant grégorien comme dérivés des impairs, existant par eux-mêmes, indépendamment de tout autre.

(23) Dans certains cas, on désigne le mode par le nom de sa finale, et la finale elle-même par la lettre qui servait à l'exprimer dans l'ancienne notation. Ainsi, l'on dira le 1er en *ré*, ou 1er en D, le 4e en *mi*, ou 4e en E, etc...

celle de la dominante authentique renversée et portée au grave, autrement dit, l'octave de la quarte au-dessous de sa finale à la quinte au-dessus.

Les modes *parfaits* sont ceux dans lesquels la mélodie atteint précisément les deux limites de cette étendue, qu'elle ne dépasse ni à l'aigu, ni au grave.

84. — Les modes supérieurs peuvent cependant, sans cesser d'être considérés comme réguliers, prendre une note de plus au grave, et les inférieurs une note à l'aigu. Cette licence, qu'on leur accorde, vient de la liaison qu'ont entre eux l'authentique et son plagal. On comprend, en effet, qu'ils peuvent empiéter ainsi l'un sur l'autre sans trop sortir de leur domaine réciproque. Tandis que pour s'étendre, le premier à l'aigu, et le second au grave, il leur faudrait emprunter à d'autres modes, avec lesquels ils n'ont aucune affinité.

On donne le nom de *plus-que-parfait*, ou *surabondant*, au mode usant ainsi du droit de dépasser d'un degré les limites de sa gamme.

85. — Très-souvent le mode n'atteint pas ces limites, et se contente de l'étendue d'une quinte, ou même d'une quarte. On le dit alors *imparfait*, ou *défectif*. C'est ce qu'on voit dans le chant des psaumes, et de toutes les parties de l'office où la mélodie se borne à soutenir le ton du discours ordinaire, dont elle rompt la monotomie, tels que les oraisons, préfaces, épîtres, évangiles, petits versets, etc.

Il est bon d'observer que ces modes imparfaits doivent toujours conserver au moins la tonique et la dominante.

86. — La réunion de l'authentique au plagal produit un mode *mixte* ou *connexe*. Les modes mixtes sont généralement regardés comme impairs, et conservent le chiffre de l'authentique. On dira donc, pour les distinguer, le 1er mixte, le 3e mixte, etc.

87. — Enfin, toute mélodie s'écartant en quelque manière des règles ordinaires ne peut appartenir évidemment qu'à un mode *irrégulier* (24).

Ces règles générales une fois établies, nous pouvons maintenant passer à l'étude particulière de chaque mode (25).

(24) Nous avons conservé, quoique fautives, ces dénominations de *mode parfait, imparfait, irrégulier,* etc., adoptées par tous les auteurs. En réalité, ce n'est pas le mode, c'est la cantilène, qui est imparfaite, surabondante, irrégulière. Il nous suffira d'en avoir fait l'observation.

(25) Pour compléter ce que nous avons dit sur les modes en général, nous empruntons au P. Lambillote les règles suivantes : 1° Tout morceau de chant doit finir par la note principale du mode, qui est la tonique, ou finale; 2° Aucune note ne peut commencer un chant, ni une phrase de chant, si elle n'est ou la finale, ou en relation avec la finale par un des six intervalles reçus dans la mélodie grégorienne (N° 42); 3° Les phrases ne doivent se terminer que sur une des notes qui peuvent les commencer; 4° Il est convenable que, dans un chant, il y ait plus de phrases se résolvant sur la tonique, ou sur la dominante, que sur d'autres notes.

§ II. — DE CHACUN DES MODES EN PARTICULIER.

Nous diviserons ce paragraphe en quatre sections, comprenant chacune deux modes, un authentique et son plagal, désignés par la finale commune.

I. — *Modes en* RÉ.

88. — 1er MODE. — Ce mode, authentique, établi sur la gamme *ré*, dont la note fondamentale lui sert de finale, prend, d'après la règle générale (26) (N° 82), sa dominante à la quinte, et sa médiante à la tierce.

Les cordes modales sont donc *ré*, *fa*, *la*, formant un accord parfait mineur (27).

(26) Il est bon d'indiquer ici la raison de cette règle, tant pour l'authentique que pour le plagal. C'est que la mélodie doit naturellement chercher un point d'appui vers le miliéu de l'intervalle entre la tonique et l'extrême aigu de l'échelle employée.

(27) On nomme *accord*, en général, la combinaison de plusieurs sons simultanés, produisant sur l'oreille une impression agréable. *L'accord parfait* est donné par la consonnance de trois sons, disposés de manière à former une quinte juste, qui se partage en deux parties inégales de tierce majeure et tierce mineure. Quand la première tierce est majeure, l'accord est dit lui-même *accord parfait majeur*; il est *parfait mineur* dans le cas contraire. Les modales des tons grégoriens pouvant quelquefois former ces accords, on a voulu pour

Sa clef naturelle est celle d'*ut* 4e ligne, ou bien encore celle de *fa* 2e ligne, qui donne aux notes la même position dans la portée.

Ce mode, assez varié, se prête particulièrement aux sujets graves, majestueux, et sublimes. On peut citer, comme exemples, l'*Alleluia, Lætatus sum,* du 2e dimanche d'Avent, et l'antienne *Hodiè,* du *Magnificat,* aux secondes vêpres de Noël.

Comme on peut le voir dans le dernier morceau, ce mode admet quelquefois le bémol devant *si*, momentanément en relation directe avec *fa*. Mais, tant que la mélodie reste dans les cinq degrés supérieurs de son échelle, le *si* demeure naturel. Cette note, essentiellement mobile dans le 1er mode, ne doit donc jamais être affectée du bémol à la clef. (*Voyez la note* 31).

89. — 2e MODE. — Ce plagal, employant la gamme *la*, établit son échelle une quarte au-dessous du supérieur, dont il garde la finale *ré*.

Sa dominante, placée régulièrement à la tierce de cette note (N° 82), est la médiante *fa* du précédent.

Ses chants s'écrivent avec la clef de *fa* 3e ligne.

La mélodie tend naturellement, dans ce mode, à descendre au-dessous de la tonique. Il est propre à

cette raison les comparer aux modes de notre musique moderne. Mais, ce rapprochement n'est pas fondé ; ils diffèrent totalement pour le reste, et cette ressemblance imparfaite est assez insignifiante.

rendre les sentiments de crainte ou de terreur, et convient principalement aux sujets tristes et lugubres. L'offertoire *Domine Jesu-Christe*, et le répons *Libera me, Domine*, de l'office des morts, peuvent servir de modèles en ce genre, ainsi que la plupart des versets du *Dies iræ*, appartenant au 2e mode.

La note *si* peut occuper deux positions dans l'échelle du 2e mode. Mais, comme seconde de la gamme, elle n'est presque jamais employée, et quand elle paraît à l'octave, comme surabondante (N° 84); elle est toujours bémolisée, par suite de la relation qu'elle ne saurait manquer d'avoir avec la dominante *fa*, note principale, continuellement en rapport avec les autres degrés.

II. — Modes en MI.

90. — 3e MODE. — Le 3e mode écrit ses mélodies dans la gamme *mi*, avec la clef d'*ut* 4e ou 3e ligne.

Conformément au principe général, il prend, comme authentique, la base de sa gamme pour finale. Mais il a, par exception, sa dominante à la sixte, et sa médiante à la quarte de la tonique; en sorte que ses modales sont *mi*, *la*, *ut*.

La raison de cette divergence est fort simple. La dominante doit être évidemment une note fixe et inaltérable. Le *si*, note essentiellement mobile, susceptible à chaque instant de prendre le bémol, pour éviter le triton, se trouvait donc exclu par là-même. A sa place on a pris simplement la note suivante *ut*.

La médiante a suivi la dominante, dont elle dépend, et monté comme elle d'un degré, de *sol* en *la* (28).

Ce mode, caractérisé par l'épithète assez vague de *mystique* qu'on lui donne communément, procède de préférence par intervalles disjoints. Plein de grandeur et de noblesse, il sert aux chants de triomphe, et convient généralement aux sujets qui respirent un saint enthousiasme. Nous donnerons pour exemple l'hymne *Pange lingua gloriosi corporis mysterium*, 2es vêpres du Saint-Sacrement.

Le bémol sur le *si* n'entre pas ordinairement dans l'échelle du 3e mode. On le trouve pourtant quelquefois appelé par des relations transitoires de cette note avec le *fa*.

91. — 4e MODE. — Le 4e mode est avec le 3e dans les mêmes rapports que le 2e avec le 1er. La gamme véritable est celle de *si*, quoique la mobilité de cette note la fasse remplacer par *ut*,

(28) Quelques auteurs expliquent encore la chose ainsi : les modales *mi*, *sol*, *si*, donnaient un accord parfait mineur. En prenant *ut* et conservant *sol*, on a *mi*, *sol*, *ut*, notes de l'accord parfait majeur *ut*, *mi*, *sol*, renversé. Pour rétablir le caractère du mode, il suffit de mettre *la* pour médiante, au lieu de *sol*; car, alors, on aura les modales *mi*, *la*, *ut*, notes de l'accord parfait mineur *la*, *ut*, *mi*, dans son deuxième renversement. Par là, disent-ils, la minorité du 3e mode est conservée. Nous ne faisons ici que rapporter leur raisonnement.

comme base de l'échelle. Sa dominante est *la* (29), médiante de son authentique, dont il conserve aussi la finale *mi*.

Ses cantilènes s'écrivent avec la clef d'*ut* 4e ligne.

L'épithète d'*harmonieux*, qu'on lui donne, ne peut guère signifier autre chose que la douceur et la suavité reconnues de ses mélodies. Il est en général très-propre à rendre les sentiments de componction, de crainte, de tristesse ou de prière. A ce mode appartiennent, l'introït *Reminiscere*, du 2e dimanche de carême, l'introït *Judica me*, du dimanche de la Passion, et l'offertoire *Perfice*, de la Sexagésime.

Le *si bémol* s'y rencontre assez fréquemment.

III. — Modes en FA.

92. — 5e MODE. — Ce mode, constitué sur la gamme de *fa*, qu'on écrit avec la clef d'*ut* 3e ligne, suit en tout les règles générales, et ne présente aucune difficulté particulière.

(29) Le 1er mode et le 4e, ayant pour dominante commune le *la*, paraissent avoir une certaine ressemblance. Cependant il existe entre eux, sous ce rapport même, une différence assez notable. Pour s'en convaincre, il suffit de considérer que, dans le 4e mode, la dominante est à la quarte de la finale, tandis qu'elle est à la quinte dans le 1er. De même le 6e mode, bien qu'il ait aussi *la* pour dominante (No 93), ne ressemble point aux deux autres, puisqu'il prend cette note à la tierce de sa finale.

Ses modales sont *fa*, *la*, *ut*, qui forment un accord parfait majeur : la dominante se trouvant à la quinte, et la médiante à la tierce majeure de sa tonique.

Les allures de ce mode sont animées, vives, éclatantes. Sa mélodie, propre à exprimer les grandes joies, est le plus souvent un chant de victoire. On l'a nommé *joyeux*. Voyez l'offertoire du dimanche dans l'octave de l'Epiphanie, *Jubilate Deo*; l'introït *Loquebar*, d'une vierge et martyre, et l'introït *Ecce Deus*, du 9ᵉ dimanche après la Pentecôte.

93. — 6ᵉ MODE. — Le 6ᵉ mode, inférieur du précédent, se constitue sur la gamme d'*ut*. Prenant pour dominante, comme tout plagal, la médiante de l'authentique, dont il conserve la finale, ses modales sont *fa*, *la*.

Ses mélodies, écrites avec la clef d'*ut* 4ᵉ ligne, préfèrent la marche par degrés conjoints. Affectueux et tendre, le 6ᵉ mode se prête admirablement aux sujets pieux et à l'action de grâces; on l'a qualifié par l'épithète de *dévot*.

Le *si*, presque toujours en rapport direct avec la tonique *fa* (30), porte à peu près constamment le bémol, qui se met alors à la clef.

(30) On comprend, en effet, que cette note fondamentale dans la mélodie d'un morceau du 6ᵉ mode, reste, pour ainsi dire, dans l'oreille, pendant toute la durée du chant. Ainsi les autres notes sont continuellement en rapport avec elle.

Parmi les chants appartenant à ce mode, nous citerons : l'introït d'un martyr pontife, hors le temps pascal, *Sacerdotes Dei* ; l'antienne de Magnificat *O quàm metuendus*, au commun de la Dédicace de l'Eglise ; et le bel introït de la messe des morts, *Requiem æternam*.

IV. — *Modes en* SOL.

94. — 7e MODE. — La gamme du 7e mode est celle de *sol*, écrite en clef d'*ut* 3e ou 2e ligne. Les modales, régulièrement formées sont *sol*, *si*, *ré*, notes de l'accord parfait majeur.

Le 7e mode n'admet pas le *si* ♭, non plus que son inférieur. Cette note les ferait trop ressembler aux 1er et 2e modes. Pour éviter le triton, l'on fait usage du *fa* dièze, dont l'emploi néanmoins doit être assez rare.

Ce mode aime à procéder par grands intervalles de quinte ou de quarte. Il est majestueux, impératif, avec un cachet particulier de solennité, qui le rend éminemment propre aux grandes choses, et lui vaut son titre d'*angélique* ou *céleste*. Nous ne citerons que l'antienne *Hosanna filio David*, du dimanche des Rameaux, et l'alleluia *Te decet hymnus*, du 10e dimanche après la Pentecôte.

95. — 8e MODE. — Par exception, ce plagal, établi sur la gamme de *ré*, ne prend point pour dominante la médiante de son authentique. Le *si*, note trop peu fixe pour être modale, cède la place à la note suivante, *ut*.

Sa clef ordinaire est celle d'*ut* 4e ligne.

De prime abord, on serait tenté de confondre le 8e mode avec le 1er, dont la gamme est absolument la même. L'identité n'est qu'apparente. La finale et la dominante sont changées. Or, nous l'avons vu, cette différence est essentielle.

Le 8e mode, plein de douceur et d'aménité, se prête facilement à tous les sujets, et comporte tous les genres, ce qui l'a fait appeler *universel* ou bien encore *parfait*. Comme exemples, on peut voir l'introït *Miserere mihi*, 16e dimanche après la Pentecôte; et la communion *Simile est regnum*, au commun d'une vierge non martyre.

96. — Nous croyons que ces quelques mots, sur chacun des modes en particulier, pourront suffire (31).

Maintenant récapitulons.

On appelle *mode* la manière d'être d'un morceau,

(31) Les six modes exclus du plain-chant se ramènent tous à quelqu'autre. Prenons, en effet, la gamme de *la*, nous aurons un authentique, qui serait le 9e mode. Mais, il suffit de comparer cette nouvelle échelle avec la gamme *ré* pour voir que le *si bémol*, placé dans cette dernière, les rend absolument semblables, quant à la position des demi-tons, aussi bien que des modales :

1er mode : *ré*, mi, *fa*, sol, *la*, si ♭, ut, ré,
9e mode : *la*, si, *ut*, ré, *mi*, fa, sol, la.

son caractère, déterminé par la gamme et les modales.

Le plain-chant compte huit modes.

Chaque mode se distingue par sa finale et sa dominante.

On peut donc écrire tous les chants du 9e mode dans l'échelle du 1er, en mettant partout *si* ♭. D'où nous pouvons conclure que tout morceau du 1er mode, prenant le bémol à la clef, n'est autre chose qu'un 9e mode transposé. Tel est l'introït *Gaudete*, du 3e dimanche de l'Avent.

Une difficulté se présente ici : le 9e mode n'a pas moins qu'un autre le droit de bémoliser le *si* de son échelle primitive. En le transposant, on rend cette faculté vaine, puisque le *mi*, qui correspond alors à cette note, ne comporte pas le bémol. On est donc obligé, dans le cas où l'on veut en user, d'écrire ses mélodies avec sa gamme propre, et *la* pour finale. Mais, comme on ne veut pas admettre plus de huit modes, on le rapporte encore au 1er, en l'appelant 1er en *la*, ou 1er in **a**.

Comme on a fait du 1er mode un 9e, de même on peut, en plaçant un bémol continu dans le 2e mode, en faire un 10e, plagal en *la*. Comparons les deux gammes :

2e mode : *la*, *si* ♭, *ut*, ré, *mi*, fa, *sol*, *la*,
10e mode : *mi*, *fa*, *sol*, la, *si*, ut, *ré*, *mi*.

Les demi-tons et les modales ont encore même position. On écrira donc les mélodies du plagal *la* dans l'échelle du plagal *ré*, prenant *si* ♭ continu. D'où nous pouvons encore conclure que le 2e mode, avec un bémol à la clef, n'est en réalité qu'une transposition du 10e.

Lorsque le bémol vient affecter le *si*, dans un chant du 10e mode, et s'oppose à la transposition, on conserve l'échelle

La même finale appartient à deux modes consécutifs, et les quatre toniques suivent l'ordre *ré*, *mi*, *fa*, *sol*.

Les modes impairs ont pour dominante la quinte au-dessus de la finale, excepté le 3e, qui a la sixte.

primitive de ce mode, qui prend alors le nom de 2e en *la*, ou 2e in **a**. Le graduel *Requiem æternam*, de la messe des morts, est un 2e in **a**.

L'authentique et le plagal, finale *si*, 11e et 12e modes, se rapporteraient de la même manière au 3e et 4e. Mais le *si*, note essentiellement variable, ne pouvant servir de finale, ces deux modes sont tout-à-fait rejetés. Il serait donc inutile de s'en occuper davantage.

Quelquefois on rencontre un 3e in **a**. C'est alors une transposition de l'échelle *mi* à la gamme *la* du 9e, afin d'éviter l'emploi du dièze, réclamé par la mélodie devant le *fa*, mais en dehors des habitudes du plain-chant. Voici les deux gammes comparées :

3e mode : *mi*, fa ♯, sol, *la*, si, *ut*, ré, mi,
9e mode : *la*, si, ut, *ré*, mi, *fa*, sol, la.

La disposition des intervalles est la même ; seulement l'authentique *la* ne garde plus ses modales naturelles *ut*, *mi*. La médiante doit être ici *ré*, et la dominante *fa*, tenant la place de *la*, *ut*, dans le 3e mode. La communion du commun d'un confesseur pontife, *Beatus servus*, est de ce genre.

Si nous passons aux deux modes en finale *ut*, 13e et 14e, nous voyons également qu'ils se rapportent au 5e et au 6e, avec *si* ♭ continu. C'est pourquoi d'ordinaire ils s'écrivent dans l'échelle de ces derniers. Que si la chose devient impossible, par la présence du bémol sur le *si* dans leur gamme primitive, ils constituent le 5e et 6e in **c**.

Parmi les modes pairs, deux, le 2e et le 6e, ont leur dominante à la tierce au-dessus de la finale. Les deux autres, 4e et 8e, l'ont à la quarte.

Pour reconnaître la modalité d'une pièce de chant, il faut donc examiner quelle est sa finale et sa dominante; cela suffit.

Nous venons d'étudier la phraséologie du plain-chant: maintenant que nous pouvons comprendre ce langage, il faut apprendre à le parler, ou du moins à le prononcer convenablement. C'est ce que nous allons faire dans le chapitre suivant.

CHAPITRE IV.

Du Rhythme.

97. — Le Rhythme est l'*Accentuation symétrique du mouvement.* Cette définition générale est nécessairement un peu abstraite ; nous allons l'expliquer.

Le mouvement consiste dans l'interruption et la reprise des successions, qui constituent la durée : interruptions et reprises par lesquelles on passe de l'activité au repos, et du repos à l'activité.

Chacun des éléments actifs du mouvement se nomme *temps*.

Or, évidemment, on doit marquer quelques-uns de ces temps avec plus de force et d'énergie, tandis qu'on insistera moins sur d'autres. D'où la distinction de temps *forts* et temps *faibles*.

Marquer le temps fort, c'est *accentuer*.

Si l'accentuation du mouvement se fait avec symétrie, c'est-à-dire, si les temps forts sont distribués dans un ordre symétrique par rapport aux temps faibles, et dans une certaine dépendance les uns des autres, on aura des périodes, dont le retour produira ce qu'on nomme *cadences*.

Or, la sensation qui résulte, pour l'oreille, du *nombre* dans ces périodes, et de la *cadence* marquant leur retour, n'est autre chose que l'effet du rhythme ; ou plutôt, c'est le rhythme lui-même, pris objectivement, et non plus dans sa cause, que nous venons d'assigner, la distinction des temps forts et des temps faibles.

Ainsi, nous pouvons répéter, en l'appliquant au sujet qui nous occupe, la définition que nous donnions tout à l'heure :

98. — Dans le chant, le rhythme est l'accentuation symétrique du mouvement mélodique déterminé par la combinaison successive des sons.

99. — Le rhythme est, pour ainsi dire, l'âme de la mélodie ; il vient l'animer, et lui donne son énergie, sa force, sa véritable beauté.

Sans le rhythme, le plus beau chant n'a rien qui charme.

De même que, dans le langage ordinaire, le discours languirait sans aucun agrément, si toutes les syllabes se prononçaient d'une manière uniforme. C'est dire assez combien l'étude de ses lois est importante.

100. — Il y a deux sortes de rhythme : le rhythme *régulier*, soumis à des lois fixes et invariables, soit pour la durée, soit pour la nature et l'ordre de ses temps ; et le rhythme *libre*, qui, plus dégagé dans son allure, ne s'astreint pas à des règles aussi précises.

Comme nous le disions en commençant (N° 12), la *mesure*, qui joue un si grand rôle dans notre musique moderne, est la gardienne du rhythme régulier. C'est elle qui détermine et fixe l'ordre des temps forts et des temps faibles, se succédant périodiquement (32).

101. — Le rhythme propre au chant liturgique est le rhythme libre, dont l'élément essentiel, et le seul véritablement constitutif, est l'*accent*.

Nous allons essayer de bien établir le principe et les règles de l'accentuation, soit dans le chant *syllabique*, soit dans le chant *neumé* (33).

(32) Dans le rhythme mesuré nous avons à distinguer le rhythme *binaire*, et le rhythme *ternaire*. Le rhythme est *binaire* quand la mesure comprend deux temps, un fort et un faible : le temps fort reparaissant ainsi toujours après un seul temps faible. Le rhythme est *ternaire* quand le temps fort reparaît après deux temps faibles, ce qui nous donne la mesure à trois temps, et ses congénères.

(33) La mélodie grégorienne comporte en effet ces deux genres ; car l'Église ne se propose pas toujours le même but dans les différentes choses qu'elle fait chanter. Souvent elle cherche à exciter dans le cœur des fidèles des sentiments de reconnaissance et d'amour ; d'autres fois elle veut simplement instruire. Aussi, tantôt c'est la parole qui domine, tantôt la mélodie. De là cette distinction : *chant syllabique* et *chant neumé*. Le premier, n'admettant régulièrement qu'une seule note par syllabe, accuse la pensée plus concise, et ne fait, à

§. I. — DE L'ACCENT DANS LE CHANT SYLLABIQUE.

102. — Les seules règles d'accentuation, pour le chant syllabique, sont celles qui déterminent l'accent *tonique* (34), dans la langue à laquelle appartient le texte chanté.

103. — Donnons d'abord une définition de l'accent tonique. Par là nous entendons une qualité particulière de *force*, que possède, dans tout mot, une certaine syllabe, autour de laquelle sont groupées les autres syllabes de ce mot, et qui nous sert à le distinguer, dans la lecture que nous entendons, des mots circonvoisins.

104. — Dans un mot composé, l'accent doit donc toujours faire ressortir la syllabe principale.

De là suit, qu'en règle générale, toute langue place, autant que possible, l'accent sur le radical de ses mots.

proprement parler, que la soutenir. Le second, réunissant plusieurs notes sur la même syllabe, et formant ainsi de véritables mots mélodiques correspondants au texte sacré, l'affaiblit d'ordinaire, en le développant, et perd en force ce qu'il gagne en douceur.

(34) Il importe de ne pas confondre l'accent *tonique* avec l'accent *phonique*. La propriété de ce dernier est d'altérer le son d'une syllabe, pour en faire réellement une lettre nouvelle : *pâte, patte, liberté, procès*. L'effet de l'accent tonique est tout autre : il conserve intact le son de la voyelle, en lui donnant seulement plus de force et d'éclat.

C'est sur ce principe que sont fondées les règles de l'accentuation latine, règles qu'on peut toutes ramener aux trois suivantes (35) :

105. — 1° Tout mot *significatif*, c'est-à-dire, ayant par lui-même un sens déterminé, prend un accent, un seul;

2° Les mots de deux syllabes ont l'accent sur la première ;

3° Les mots de plus de deux syllabes prennent l'accent sur la pénultième, quand elle est longue prosodiquement, et, si la pénultième est brève, l'accent doit alors se placer sur l'antépénultième, jamais plus loin (36).

(35) On ne saurait trop recommander de ne pas confondre les règles de l'accentuation, servant à déterminer les syllabes fortes, avec les règles de la prosodie, qui font connaître les longues et les brèves. Ces dernières, purement conventionnelles, sont établies pour la commodité de la versification, et n'ont pas d'autre but ; tandis que les règles de l'accentuation tiennent à la nature même du langage. Cependant, il ne faudrait pas croire, pour cela, que l'étude des lois prosodiques est inutile, puisque, dans certains cas, c'est d'après ces lois que se trouve fixée la place de l'accent.

(36) Suivant le principe fondamental (N° 104), l'accent doit être sur le radical. Mais l'oreille, au dire de Cicéron, ne jugeant guère de l'accent des mots que par les trois dernières syllabes, ne lui permet pas de reculer plus loin. D'ailleurs, la voix, après avoir atteint son maximum d'intensité, s'affaiblit si vite, qu'elle aurait peine à soutenir le poids de trois ou quatre syllabes consécutives.

Observons, cependant, que les noms propres en *ius*, ont, au vocatif, leur accent sur la pénultième, même quand elle est brève. Ainsi l'on doit prononcer *Ambrosi*, *Gregori* (a); parce que ce vocatif est une forme contractée pour *Ambrosie*, *Gregorie*.

106. — Chaque mot contient également une syllabe *faible*, sur laquelle la voix perd à peu près toute sa force, et qui se fait à peine sentir dans la prononciation : c'est toujours celle qui suit immédiatement la syllabe accentuée.

D'où nous pouvons tirer cette conclusion : toute syllabe forte est suivie d'une faible, et, réciproquement, toute faible est précédée d'une forte. Or, c'est précisément cette *alternance*, irrégulièrement périodique, puisque les mots ne sont pas tous de même longueur, qui constitue le rhythme libre du chant syllabique (37).

107. — Nous avons dit (N° 105) que tout mot *significatif* porte un accent. Il ne peut y avoir d'exception que pour certaines particules, qui, dépourvues

(37) Ainsi, nous devons distinguer dans la prononciation trois espèces de syllabes : 1° la syllabe *forte*, servant comme de point d'appui à la voix, qui prend sur elle un peu plus d'éclat ; 2° la syllabe *faible*, amoindrie, pour ainsi dire, par la forte précédente, qui l'absorbe en partie ; 3° la syllabe *moyenne*, qui joue par le fait un rôle neutre entre la faible et la forte.

Le chant syllabique n'a de beauté qu'autant qu'on donne bien à chaque syllabe la valeur tonique qui lui convient.

(a) Les petites majuscules représentent ici les lettres accentuées.

d'une signification précise, se joignent aux autres mots, soit pour en modifier le son, soit pour mieux déterminer leur position dans la phrase.

108. — On peut les ranger en deux catégories : les *enclitiques*, s'appuyant sur le mot qui précède, et les *proclitiques*, qui se lient au mot suivant.

109. — Les *enclitiques*, *que*, *ne*, *ve*, *cum*, ne prennent jamais l'accent ; mais elles le déplacent dans le mot précédent, et l'attirent invariablement sur la dernière syllabe, quelle qu'en soit la quantité, avertissant ainsi de leur présence. On dira donc : *multAque*, *vobIscum*.

Néanmoins, lorsque l'enclitique s'unissant plus intimement au mot en devient partie intégrante, la règle que nous venons d'énoncer n'a plus son application. Le mot composé de la sorte suit les lois générales : *Ubique*, *dEnique*, *Undique*.

Observons encore que la particule *ne*, enclitique lorsqu'elle exprime le doute, n'est plus considérée comme telle quand elle marque simplement l'interrogation : *hŒccine*, *sIccine ?*

Aux enclitiques dont on vient de parler sont assimilées les suivantes : *ce*, *pse*, *pte*, *met*, *dem*, *nam* ; ainsi, l'on dit : *hujUsce*, *vobIsmet*, *ibIdem*, *ubInam*, etc.

110. — Les *proclitiques* s'unissent, dans la prononciation, au mot suivant, sous l'accent assigné à celui-ci par les règles générales : *ad mE*, *propter nos in ætErnum*. Mais elles ne sont soumises à cette loi qu'autant qu'elles restent dans leur position naturelle, c'est-à-dire avant leur régime. Elles reprennent en changeant de place leur indépendance et l'accent qui leur est propre : *tu autem, te propter.*

Donnons sommairement la doctrine des grammairiens sur ce point :

1° Les monosyllabes indéclinables (38), mis dans l'ordre prépositif, rejettent l'accent sur le mot qui suit.

2° Toutes les prépositions et les conjonctions, même polysyllabiques, en font autant : *et nos, atque dixit, sicut erat.* Excepté quand elles prennent une signification absolue, en raison d'une ellipse : *non dixit Jesus : non moritur ; sed : sic eum volo manere.*

3° Cette loi s'applique encore aux pornoms relatifs : *Agnus Dei, qui tollis, etc.* ; si cependant ils n'avaient pas d'antécédent exprimé, l'accent leur devrait être rendu : *qui vult venire post me, etc.*

Ces règles sont suffisantes pour déterminer la place de l'accent, dans tous les cas possibles. Il n'est donc pas urgent de s'arrêter à plus de détails.

111. — Pour l'accentuation des mots étrangers à

(38) Les monosyllabes déclinables, *me, te, se, sum, est, dic, fac,* etc., ne sont jamais enclitiques, ni proclitiques, par la raison que chacun d'eux représente une idée distincte. On voit d'après cela que c'est une grave erreur de considérer toujours deux monosyllabes qui se suivent comme un seul mot de deux syllabes, prenant l'accent sur la première, et qu'il est également faux de dire qu'il n'y a jamais, dans le discours, deux accents consécutifs.

la langue latine, voici les règles à suivre : 1° Si ces mots sont latinisés, ils se soumettent aux lois de l'accentuation latine ; 2° s'ils gardent leur forme primitive, ils sont accentués conformément au génie de la langue à laquelle ils appartiennent.

Or, 1° Dans la langue *hébraïque*, les mots prennent généralement l'accent tonique sur la dernière syllabe (39).

2° Quant aux mots *grecs*, s'ils ont, en se déclinant, une forme à la fois grecque et latine, ils prennent l'accent grec, qui recule autant que possible, dans les mots composés, pour atteindre le radical. Mais, s'ils ont une terminaison purement latine, ils prennent alors l'accent latin.

Quand on ne connaît pas l'accent propre d'un mot étranger, le plus sage est de prononcer comme s'il était latin.

§ II. — DE L'ACCENT DANS DE CHANT NEUMÉ.

112. — Le rhythme du chant grégorien étant le rhythme libre, le temps fort ne revient pas invaria-

(39) Les mots hébreux, contenus dans la Bible, ne dépassent pas le nombre de 5,000, parmi lesquels environ 400 ont, par exception, la pénultième accentuée, et 60 à 80, au plus, l'antépénultième. La langue hébraïque formant, en effet, ses mots composés en plaçant ordinairement les syllabes survenantes avant le radical, celui-ci se trouve presque toujours à la fin du mot.

blement à intervalles égaux, comme dans la musique moderne ; mais, de même que dans le discours ordinaire, chaque mot du langage mélodique adopté par l'église comporte un accent.

Or, les mots de cette langue, nous l'avons dit (N° 69), ce sont les *neumes*.

113. — On appelle *neume* un groupe de notes exécutées par une seule émission de voix (40).

Chaque neume doit donc avoir une note plus saillante, marquée par un certain appui de la voix, qui constitue l'*accent mélodique*.

Avant de donner les règles de cette accentuation, faisons connaître, en peu de mots, les principaux neumes qui se rencontrent dans le plain-chant.

Ce sont :

1° Le *Podatus*, groupe ascendant de deux notes, franchissant un intervalle qui peut varier de seconde à quinte.

2° Le *Clivus*, groupe descendant de deux notes, variant également, pour l'intervalle à franchir, de seconde à quinte.

3° Le *Scandicus*, série de plusieurs degrés ascendants.

(40) Distingons encore ici *le* neume, que nous venons de définir, d'avec *la* neume, réunion de plusieurs groupes de notes, qui termine certains morceaux, comme le verset de l'*alleluia* à la messe, ou bien l'*alleluia* lui-même.

4° Le *Climacus*, série de plusieurs degrés descendants.

5° Le *Torculus*, formé par l'union de deux neumes, l'un ascendant, l'autre descendant.

114. — Le grand principe de l'accentuation mélodique, c'est que *tout neume, pris isolément, porte l'accent sur la culminante*. Les autres notes doivent se couler doucement, sans coup de gosier, donnant à toutes à peu près la même valeur, sauf à celle qui, suivant immédiatement l'accentuée, sera faible.

115. — Mais cette règle subit quelques modifications quand ces groupes sont rapprochés dans une phrase mélodique. Pour donner à chaque formule la physionomie qui lui convient alors, il faut :

1° Lier ensemble toutes les notes d'une même formule ;

2° Ne pas donner d'accent à une formule dans un ordre prépositif par rapport à d'autres. De même que les proclitiques (N° 110), elles perdent, dans ce cas, celui qu'elles pourraient avoir.

3° Observer que la dernière note d'un neume doit être obscure, et plus ou moins longue, suivant qu'elle termine une phrase, un membre de phrase, ou simplement une formule mélodique.

116. — Telles sont les règles qu'il faut suivre, naturellement, avec aisance, sans affectation ni minutie, guidés toujours par ce principe fondamental que, dans le plain-chant, le rhythme doit avoir la marche libre et variée du rhythme oratoire.

117. — Terminons par quelques observations sur les chants *mixtes*, où la mélodie se développe sur un texte.

1° Il ne faut jamais chanter plusieurs notes sur une pénultième brève, toujours faible ; on doit les attribuer à la syllabe précédente, qui porte l'accent, et prononcer la brève sur le même degré que la suivante.

2° On doit aussi, se bien garder de couper les mots, et faire toujours concorder les repos du chant avec ceux du texte.

Le bon goût rend la justesse de ces recommandations assez évidente.

APPENDICE.

De la Transposition du Plain-Chant.

118. — Si l'on exécutait les morceaux appartenant à la mélodie grégorienne dans leur tonalité naturelle, c'est-à-dire, chacun à la place que sa gamme occupe dans l'échelle générale, il se trouverait que plusieurs dépasseraient l'étendue commune de la voix, les uns au-dessus, d'autres au-dessous.

Il faut donc les mettre tous à la portée des voix ordinaires. C'est ce qu'on fait par la transposition.

Transposer un morceau, c'est faire que, sans détruire l'ordre des demi-tons déterminé par la gamme qui lui est propre, sa tonalité, ou, si l'on veut, son élévation dans l'échelle mélodique, soit changée.

119. — En musique la chose est facile. Comme il n'y a que deux modes, le majeur et le mineur, et qu'on peut, au moyen de dièzes ou de bémols, constituer chaque note base et fondement d'un mode majeur ou mineur à volonté, pour transposer un mode, il suffit de faire franchir aux notes de sa gamme l'in-

tervalle qui sépare la tonique de ce mode de celle qu'on veut lui substituer, en ayant soin, afin que cela se fasse régulièrement, de placer d'abord à la clef les signes accidentels nécessaires pour établir le mode sur sa tonique nouvelle. Ainsi, pour transposer le majeur de tonique *ut* en tonique *ré*, montez toutes les notes d'un degré, et mettez à la clef deux dièzes (*fa* ♯ *ut* ♯), voulus pour former le majeur avec *ré* pour base (N^te 20 III).

Mais, cette règle peut-elle servir dans le plain-chant? Il semblerait qu'il en faut une spéciale pour chacun des huit modes.

Cependant, si l'on fait attention que dans tous ces modes, quelle que soit leur échelle, les notes sont toujours placées dans le même ordre par rapport à *ut*, base constitutive du mode majeur, on verra que la règle dont nous venons de parler peut s'appliquer également ici, sauf une petite modification fort simple.

D'abord, il faut observer que, pour l'exécution du plain-chant, la transposition se fait en ramenant toutes les dominantes à une seule et même teneur, qui porte le nom de *corde chorale*, parce qu'elle détermine le ton ordinaire du chœur. Pour les voix moyennes, on prend habituellement le *sol* de l'échelle générale.

120. — Si donc vous voulez transposer un mode du plain-chant, c'est-à-dire, substituer à sa teneur particulière la dominante *sol*, placez cette dernière en regard de la dominante primitive, voyez quelle note correspond alors à l'*ut* du mode que vous transposez; enfin, prenez la note ainsi trouvée pour base d'un majeur, dont vous mettrez l'*armure* (41) à la clef, que vous disposerez elle-même de manière à donner aux notes le nom qu'elles doivent avoir après la transposition.

Les deux échelles du mode, l'écrite et la transposée, ne peuvent manquer d'être semblables, puisque, dans l'une et l'autre, chaque demi-ton occupe la même position relativement aux degrés qui se correspondent.

Appliquons la règle, on la comprendra plus facilement. Soit le 7ᵉ mode qu'il faut ramener à la teneur chorale *sol*. Ecrivant cette note sous le *ré*, dominante du mode proposé, j'aurai :

sol, *la*, *si*, *ut*, ré, *mi*, *fa*, *sol*,
ut, *ré*, *mi*, *fa*, sol, *la*, *si*, *ut*.

Je vois qu'alors la note correspondant à l'*ut* de la première échelle est *fa*. J'indiquerai donc à la clef, en transposant, la continuité du bémol sur le *si*, constituant le majeur en *fa* ;

Que la position des demi-tons soit absolument la même, dans la nouvelle échelle et dans l'ancienne, c'est ce dont on se peut aisément convaincre en les comparant :

(41) On appelle ainsi l'ensemble des signes, dièzes ou bémols, écrits à la clef pour donner au mode sa tonalité.

Écrit : *sol*, *la*, *si* — *ut*, ré, *mi* — *fa*, *sol*,

Transposé : *ut*, *ré*, *mi* — *fa*, sol, *la* — *si* ♭, *ut*.

Dans le premier mode, ramené en dominante *sol*, la note qui correspond à l'*ut* de son échelle primitive est *si* ; mais la correspondance n'est pas parfaite, le *si* se trouvant un demi-ton trop haut. C'est donc *si* ♭ qu'il faut prendre comme tonique du majeur qui nous donnera l'armure nécessaire à la clef quand on transpose ; savoir : deux bémols (*si* ♭, *mi* ♭). En sorte qu'on aurait :

Écrit : *ré*, *mi* — *fa*, *sol*, la, *si* — *ut*, *ré*.

Transposé : *ut*, *ré* — *mi* ♭, *fa*, sol, *la* — *si* ♭, *ut*.

Ces deux exemples suffiront. On ferait de même pour tous les autres modes.

FIN.

TABLE DES MATIÈRES.

FIN DE LA TABLE.

Saumur, imp. de P. Godet. — (1541-4)

www.ingramcontent.com/pod-product-compliance
Ingram Content Group UK Ltd.
Pitfield, Milton Keynes, MK11 3LW, UK
UKHW020340250726
13967UKWH00005B/2040

9 782013 052146